AF459581

DU RIZ

DE

POMME-DE-TERRE.

AVIS.

On pourra se procurer chez l'auteur, rue de Tracy, porte Denis, numéro noir 5 ou 6, l'instrument et la brochure pour faire le riz de pomme-de-terre. Prix, 15 liv. a~~vec la boëte d'emballage. On trou~~vera ~~aussi à cette même adresse des couteaux pour la~~ des~~sication des légumes potagers, à raison de~~ 4 liv. ~~On ne pourra en envoyer dans les départemens~~ moins qu~~e la quantité de 5 pour 20 liv., compris la boëte.~~ — L'imprimé se vendra séparément au Bureau de la Feuille du Cultivateur, rue des Fossés-Victor, N°. 12; chez *Aubry*, libraire, rue Baillet, N°. 2, près celle de la Monnoie, et chez les marchands de nouveautés. — Aucune vente ne sera faite à personne, que les Souscripteurs, qui ont été les coopérateurs de cet ouvrage, n'aient été servis. Il faudra, dans les demandes, affranchir les lettres et l'argent.

MÉMOIRE
SUR LES MOYENS DE CONSERVER
LA POMME-DE-TERRE
SOUS LA FORME
DE RIZ OU VERMICEL.

AVEC FIGURES.

PAR le Citoyen GRENET (*).

Les inventions utiles sont les produits de la Liberté.

TANDIS que des hommes estimables, dirigés par des vues de bien public, ont déjà consacré, pour leurs concitoyens, leur tems, leurs veilles à faire des essais, des expériences, et à rédiger des mémoires sur les propriétés de la pomme-de-terre, et que les *Parmentier*, *Cadet de Vaux*, *Dransy*,

(*) Ce Mémoire a été présenté à la Convention nationale, le 5 Germinal, et a obtenu une mention honorable dans le bulletin du 30 Prairial. Il avoit été précédemment couronné au Lycée des arts (1). Voyez les notes qui commencent à la page 31, et la table détaillée des objets traités dans cet ouvrage.

Chancey et autres agronomes, amis de l'humanité, qui n'ont cessé d'appliquer leurs connoissances à l'utilité générale, nous ont éclairés sur le choix des meilleures espèces; sur la manière de la cultiver avec avantage, sur l'extraction de sa fécule; comment on peut en faire du pain, comment on peut en tirer parti lors même qu'elles ont été gelées (*);

Tandis aussi que nos augustes représentans à la Convention nationale, ont, par le décret du 29 nivôse, provoqué et encouragé la culture de cette *manne terrestre*, n'est-ce pas tacitement inviter tout républicain, ami de sa patrie et de ses semblables, qui auroit imaginé ou perfectionné les moyens d'en prolonger l'usage, à les communiquer à ses frères, à la grande famille?

Sous ce rapport, j'aurois des reproches à me faire, si je tardois plus long-tems à publier un procédé que j'emploie avec succès depuis trois ans, et que j'ai depuis peu porté à quelque degré de perfection. Il consiste à pouvoir conserver un tems infini et avec son goût, toute la substance nutritive de la pomme-de-terre, sous la forme de riz, vermicel ou semoule, et de la faire servir, en tout tems et en toute saison, à nous nourrir.

C'est cette année, qui sera très-féconde en pommes-de-terre, qu'il convient principalement de faire usage

(*) Voyez les œuvres de Parmentier, et principalement la dernière Instruction qu'il a rédigée le printems dernier pour être envoyée à tous les départemens. Personne n'a travaillé autant que lui sur la pomme-de-terre, dont on ne faisoit, dans les environs de Paris, que fort peu d'usage, avant qu'il en eut parlé.

de mon procédé, car l'abondance n'exclud pas la prévoyance ; je m'empresse donc à le donner.

De la pomme-de-terre en général.

Depuis que l'on a acclimaté en Europe, et sur-tout en France, la pomme-de-terre, originaire du nouveau-monde, sa culture a été progressivement multipliée. La salubrité de cet aliment et les avantages infinis qu'il nous procure pour nous substanter, n'avoient encore détruit que foiblement la présomption de croire qu'il n'étoit propre que pour la nourriture des bestiaux : il a fallu bien du tems pour déraciner ce préjugé, qui commence enfin à ne plus dominer : le régime de la raison où nous sommes, ne peut plus en souffrir aucun.

La pomme-de-terre, après le blé, doit être considérée comme une production de première nécessité. Quand la récolte des grains manque, elle y supplée ; elle est même ces années-là, au rapport de *Dransy*, plus abondante (2). C'est à cette précieuse racine que nous avons recours dans un tems de disette, de famine. Il y a quelques années que ce fléau terrible s'étoit manifesté partiellement dans plusieurs endroits de la France, et elle les a sauvés. Oh! combien, dans ces années désastreuses, de familles indigentes auroient manqué de nourriture, sans la ressource (3) des pommes-de-terre ?

Mais, ainsi que les autres légumes qui ne sont pas du genre des graminées, la pomme-de-terre n'a qu'un tems limité pour sa consommation en verd, qui est depuis octobre jusqu'en avril (*vieux stile*), que la germination commence à s'établir, et passé lequel elles deviennent dures, filandreuses et se pourrissent.

Ce n'est pas qu'on ne puisse, avec quelques soins, retarder ou éloigner le terme de sa décomposition, (4) mais cette racine n'offre toujours pas, comme le grain, l'avantage de rester emmagasiné. On n'en peut cumuler deux récoltes ensemble; son volume et sa pesanteur s'opposent aussi à ce qu'elle soit transportable à une distance un peu éloignée pour refluer d'un endroit où elle abonde dans celui qui en est privé.

On peut cependant remédier à ces inconvéniens et prolonger pour nos besoins futurs, et sous une autre forme, la substance nutritive de la pomme-de-terre, soit par sa dessication entière, soit par l'extraction de sa fécule. Je vais rendre compte de ces deux moyens, quoique le premier me soit plus familier que l'autre.

Du moyen de conserver la Pomme-de-terre par la dessication.

Si, par la dessication, nous parvenons à conserver, outre une partie de nos légumes, plusieurs autres comestibles, principalement les fruits à jus, comme poires, figues, raisins, prunes; les fruits farineux, comme marrons, châtaignes, pourquoi n'appliquerions-nous pas, à quelque chose près, la même méthode pour la pomme-de-terre? Quelques inconvéniens se sont d'abord jettés à la traverse; mais quels sont les premiers essais qui en ont été exempts? il ne s'agit que de chercher à les surmonter et d'avoir de la persévérance.

Comme je savois que les pommes-de-terre cuites à grande eau perdoient la plus grande partie de leur goût et qu'elles étoient même sujettes à crêver, je fis cuire les miennes à la vapeur de l'eau bouillante, et j'évitai par-là ces deux inconvéniens. Je fis construire, pour cet effet, un vase en fer-blanc; mais comme bien des personnes ne voudront pas faire cette dépense pour la seule cuisson des pommes-de-terre, elles peuvent y suppléer par un appareil bien simple, que l'on peut établir par-tout.

Dans un chaudron de cuivre ou marmite de fonte, assujettissez, à un pouce ou deux près du fond, soit une grille de fer, un rond de bois percé de trous, soit une tournette d'osier à claire voie; mettez ensuite de l'eau en proportion de la capacité du vase, mais de manière à ce qu'elle n'excède pas la hauteur de la grille: après quoi vous poserez vos pommes-de-terre, puis les couvrirez d'un linge bien mouillé et d'un couvercle quelconque par-dessus, pour intercepter, autant qu'il sera possible par tout moyen quelconque, l'expansion de la vapeur. Cette vapeur ainsi concentrée, ne trouvant que difficilement issue, pénètre la pomme-de-terre dans tous ses sens, réagit sur elle et la cuit également par-tout. C'est une méthode que nous tenons des Américains ou des Anglais; en même tems qu'elle économise le combustible (car la cuisson s'opère plus promptement qu'à l'air libre), elle conserve aux pommes-de-terre tout leur goût, et les empêche de s'ouvrir, à moins que vous ne poussiez l'ébullition jusqu'à l'excès. Ce même appareil peut s'appliquer pour la cuisson des autres légumes, comme artichauts, asperges, etc.; et ils ont alors bien plus de saveur.

Si vous avez la faculté de mettre vos pommes-de-terre au four, elles acquerront encore plus de qualité; mais il faut prendre garde de ne pas les poser sur l'âtre du four, les unes sur les autres, car celles de dessous seront trop cuites et peut-être brûlées, tandis que celles de dessus ne le seront pas assez; d'ailleurs, si le four est trop chaud, la pelure est sujette à adhérer fortement à la pulpe, elle se durcit, forme croûte, sur-tout le côté qui repose sur le carreau, ce qui peut occasionner de la perte; on peut y remédier en les plaçant sur des claies ou dans des pots, comme font les Américains.

Les pommes-de-terre cuites ainsi, doivent être pelurées de suite; la pellicule s'ôteroit difficilement, si on les laissoit refroidir, et on y emploieroit beaucoup plus de tems. Qu'on se rappelle que dans tout le travail de cette dessication, c'est cette opération qui est la plus longue et la plus minutieuse; que les autres y sont subordonnées, et qu'enfin on ne gagneroit rien à diviser promptement la pomme-de-terre, si les mains employées à les éplucher ne pouvoient y suffire.

Quand les pommes sont épluchées, il faut les étendre sur des tables ou des nappes, et les laisser se ressuyer huit à dix heures (5). Pendant ce tems, il s'évapore naturellement beaucoup d'humidité, et vous gagnez d'autant sur la dépense du feu que vous devez employer à leur dessication. Pour accélérer même cette dessication, il convient, à fur et mesure que les pommes-de-terre sont épluchées, de les entr'ouvrir un peu avec la paume de la main, afin que l'humidité du centre se dissipe également.

Comme dans mes premiers essais je divisois mes pommes-de-terre à la rape, j'étois contraint de ne les faire cuire qu'à moitié, pour pouvoir les tenir fermes dans la main; mais outre qu'il m'arrivoit souvent de me blesser, c'est que, telle précaution que je prisse, je perdois toujours beaucoup de pulpe. Ces motifs réunis m'ont fait chercher un autre instrument qui pût suppléer à celui que je voulois abandonner, et j'en imaginai (6) un commode, portatif, qui, sans avoir les inconvéniens de la rape, débite plus promptement qu'elle. Il est si simple et si facile à faire mouvoir, que je suis comme honteux de ne l'avoir pas trouvé plutôt.

Description *d'un instrument pour diviser la pomme-de-terre.*

Cet instrument (*voyez la fig.* Iere.) est composé de trois pièces. La premiere A est un cylindre de fer-blanc de 8 à 9 pouces de long sur 2 de diamètre, lequel est percé, dans son pourtour, de trous faits avec un emporte-pièce, afin d'éviter les bavures, soit en dedans, soit en dehors, et l'extrémité supérieure est prolongée en B de 18 lignes en forme d'entonnoir. La seconde C est un fond mobile qui entre aisément dans ce cylindre pour pouvoir l'ôter facilement, quand il est nécessaire de le nettoyer. Ce fond est de bois tourné en forme de bondon, et a un rebord extérieur pour empêcher qu'il n'enfonce trop avant. La troisième pièce D est un piston de bois dur du même diamètre que le moule ; la poignée E est posée en travers comme celle d'une béquille.

Après avoir mis dans cet instrument et jusques à l'entonnoir, des pommes-de-terre ou entières, ou écrasées grossièrement, vous y présentez le piston que vous faites entrer ; le bout opposé du cylindre fermé de son bouchon, posant à terre sur une feuille ou caisse de papier, vous appuyez fortement le piston, de vos deux mains, et la pesanteur de votre corps à demi-courbé comprimant les pommes-de-terre, les oblige de sortir par tous les trous de cette filière, en sorte que cinq à six de ces racines se trouvent divisées en un instant sous la forme de vermicel. Il est inutile de nettoyer, à chaque coup de piston, les parois du cylindre ; les nouvelles pommes que vous y introduirez feront tomber les vermicels qui peuvent y rester attachés. Si le piston se renfloit par l'humidité et qu'il fût difficile à retirer, on peut le diminuer avec un morceau de verre.

Il faut ensuite avoir soin d'étaler légèrement avec une pointe de fer, la pâte *filiérée* qui s'est accumulée au bas de cet instrument, pour la porter également dans toutes les parties de la caisse ; c'est l'opération d'un moment.

Ce cylindre, construit d'un plus grand diamètre, débiteroit sans contredit davantage ; mais, outre que, dans la proportion qui lui a été donnée, il est, à peu de chose près, la mesure de ce que doivent contenir les caisses, c'est qu'il y auroit progressivement plus de résistance pour le faire mouvoir à la main. Le diamètre des trous et leur nombre, plus ou moins, est encore une chose à considérer ; car, ou ils augmentent cette même résistance, ou ils la diminuent. Les trous plus forts feroient agir cet instrument avec plus de facilité, mais les vermicels qui en sortiroient sécheroient plus difficilement, et il leur faudroit aussi plus de tems pour revenir dans le bouillon. J'estime donc qu'il vaut mieux avoir un peu plus de peine, et obtenir un riz ou vermicel plus fin.

Dessication des pommes-de-terre sur un poële.

Les Citoyennes économes peuvent, dans leur hiver, s'occuper de la dessication de plusieurs boisseaux de pommes-de-terre, en mettant les caisses, tant sur la tablette du poële, que dessous en place du cendrier : cet endroit est celui où elles sèchent le plus promptement. On peut aussi mettre des caisses autour de ce même poële, de manière qu'elles puissent se ressentir d'une portion de sa chaleur ; il faut ensuite avoir l'attention de les changer de place, de tems à autre, pour accélérer l'évaporation de l'humidité qui se forme en dessous, et pour leur en substituer d'autres, lorsque le vermicel est à moitié sec ; et quand il a été saisi par une première chaleur, il est bon de le remuer quelquefois avec un petit rateau de bois, dont les dents doivent être espacées d'un pouce, ce qui avance de beaucoup la dessication, et cette sujétion du déplacement des caisses (7) peut être l'amusement d'un vieillard comme celui d'un enfant de douze ans.

Une chose à laquelle il faut bien prendre garde, c'est de ne faire cuire de pommes-de-terre que la quantité qui peut, étant filtrée, se sécher dans la journée ou le lendemain, à moins que, simplement pelées et entières, vous les conserviez étendues sur des nappes dans un endroit sec, autrement vous risquez de faire aigrir et corrompre la pulpe ainsi divisée, que la chaleur n'a pas assez saisie; elle commence par devenir grise, puis noire, et en cet état, il n'est plus possible de la sauver. Cette putréfaction s'opère dans l'espace d'une demi-heure; j'ai sur cela de l'expérience, ayant été contraint d'en jetter plus d'une fois.

Pareil accident arrive sur un poële comme dans un four, lorsque vous chargez trop vos caisses, en y mettant des vermicels plus qu'elles ne doivent en contenir; qu'on se tienne sur cela pour averti.

Au reste, pour avoir une base certaine du plus ou moins de chargement des caisses, il faut savoir qu'un boisseau de pommes-de-terre cuites pèse à-peu-près 18 à 20 livres (8), et que cette quantité, étant divisée, doit être répartie sur la superficie de 35 à 40 caisses de la grandeur d'une feuille de papier ordinaire, à raison d'une demi-livre chaque. En ne s'écartant pas de ces premières données, on n'aura rien à appréhender. Quant à la caisse qui doit être passée sur le dessus d'un poële, on peut la tenir de la même grandeur que la tablette, et la charger en proportion.

DESSICATION des pommes-de-terre dans un four.

A la campagne, ceux qui ont un four à leur disposition, peuvent faire sécher de la pomme-de-terre plus promptement que sur un poële, et même sans une dépense exprès de combustible, en profitant d'un reste de chaleur immédiatement après que le pain est retiré, c'est-à-dire, lorsque le thermomètre enfermé dans le four pendant cinq minutes, marque 40 à 45 degrés. Une plus grande chaleur brûleroit les caisses et détérioreroit la substance de la pomme-de-terre. Il ne faut, à ce degré, que 8 à 9 heures pour leur dessication.

Les caisses se placent avec la pelle à enfourner le pain sur l'âtre du four ; il en entre à-peu-près douze à quinze dans un four d'une dimension ordinaire. *Et comme on fait sécher une plus grande quantité de pommes-de-terre en cherchant à augmenter les surfaces*, ainsi que cela se pratique dans les étuves, on peut, comme j'ai fait, se servir des claies à deux étages revêtues en dedans de toile ou de papier ; elles se posent par des pieds pointus, sur et dedans les caisses placées sur l'âtre, ce qui forme trois divisions. Outre que, par cette manière, vous gagnez du tems, c'est qu'avec la même chaleur vous triplez votre opération. Il est bon de laisser, à la porte du four, en l'inclinant un peu par le haut, une ouverture d'un doigt pour faciliter le passage de l'humidité des pommes-de-terre, qui s'échappe en vapeur.

Si le four a un dessus-plan, vous pouvez y mettre des caisses de vermicels, sauf à achever leur dessication dans le four, si cette chaleur là ne suffisoit pas.

Les fours qui sont construits pour la dessication du biscuit de mer, seroient bien commodes pour cette opération.

Suite du travail de la dessication.

En général, il ne faut pas laisser, plus long-tems qu'il est nécessaire, les pommes-de-terre en dessication; elles sont à leur vrai point de sécheresse, lorsque les vermicels se brisent facilement à la main. Vous pouvez, si vous voulez, et ceci n'est pas de rigueur, les broyer ensuite sur une table avec un rouleau de bois pour rompre de leur longueur et grosseur, et leur donner la forme de riz et un grain égal, en les faisant passer par un crible (9). Cette attention n'est même pas à négliger, parce que, lorsque vous faites revenir cette substance dans du bouillon, tous les grains se trouvent également renflés.

On peut, en cet état de riz, garder la substance de la pomme-de-terre un tems infini. J'en ai qui a plus de trois ans, qui a tout son goût, et qui ne se ressent d'aucune altération.

Dessication à l'air libre ou au soleil.

Enfin on peut s'exempter tout-à-fait d'user de combustible pour la dessication de la pomme-de-terre, sur-tout dans une année qui, comme celle où nous sommes, sera aussi prématurée et aussi constamment au beau fixe, en profitant de la seule chaleur de l'atmosphère ou du soleil.

Cette manière, à la vérité, est plus expéditive, plus économique et moins embarrassante, mais elle a ses inconvéniens comme ses avantages. Ses inconvéniens sont, qu'il faut employer les premières pommes-de-terre qui paroissent. Si elles ne sont pas d'une espèce précoce, elles ne peuvent être entièrement mûres, et contiennent par conséquent moins d'amidon ou de parties nutritives; en cet état, à demi-formées, elles sont aussi plus visqueuses, plus fermes et moins aisées à travailler que lorsqu'elles ont acquis leur entière croissance. Si vous ne les récoltez pas de vos possessions, et que vous soyez obligé de les acheter, vous les payez très-cher.

Ses avantages sont que vous pouvez, de cette manière, vous dispenser de feu pour leur dessication, sans avoir recours aux poëles, fours, étuves; il suffit seulement d'affecter à cet usage ou de grandes chambres vuides ou des greniers, sur le carreau desquels, ou sur des planches, vous puissiez poser vos caisses chargées un peu plus légèrement de vermicels que lorsque vous les soumettez dans un four; et alors ils sèchent naturellement; de manière que vous pouvez, l'été, faire votre provision pour l'hiver : le seul soin que cela exige, est de retourner ou remuer les vermicels une fois par jour. Il n'en faut que deux pour leur entière dessication, quand le thermomètre marque à l'ombre 18 degrés (alors au soleil il est de 31 à 32) et trois jours quand il n'est que de 14 à 15 : par une chaleur moindre, ou un tems humide, on risqueroit de ne pas réussir.

Si vous exposez vos caisses au soleil en plein air, elles sécheront proportionnellement plus promptement, et l'on n'a à appréhender que les pluies d'un orage qui viendroit subitement tout déranger (10).

De la manière d'user des pommes-de-terre desséchées dans nos alimens.

La pomme-de-terre, ainsi desséchée, peut nous servir d'aliment de deux manières.

La première, en la consommant telle qu'elle sort de dessus les caisses, et en l'apprêtant et la faisant revenir comme on fait les riz, gruaux, vermicels, soit au gras, soit au maigre, dans un bouillon de racines, pois, lentilles, oignons, etc. Outre que ces pommes ajoutent par elles-mêmes une substance de plus aux délayans dans lesquels elles sont étendues, c'est qu'étant, de leur nature, rafraîchissantes, elles peuvent servir de correctifs aux bouillons des farineux échauffans.

La seconde, en l'employant en poudre. Il faut, pour cet effet, faire moudre ce vermicel ou riz; si on en a peu, dans des moulins de ménage; si on en a beaucoup, dans des moulins à moudre le blé. En cet état de farine, on peut en faire sur-le-champ des purées ou gelées. Employée ainsi, elle épargne du pain, et il ne faut qu'une minute d'ébullition pour l'apprêt de ce met économique; car on doit se rappeller que cette poudre est déjà cuite. Quant au riz de pomme-de-terre, et attendu que sous cette forme, il est bien moins divisé que lorsqu'il est converti en farine, il faut nécessairement le faire revenir plus long-tems.

On peut aussi employer de cette farine cuite dans du lait, en y ajoutant un peu de sucre et une feuille de laurier-amande, ce qui forme une crême et une excellente nourriture pour les enfans et les vieillards : on croit même cet aliment préférable aux bouillies de farine de froment dont les gens de l'art ont inutilement, jusqu'à ce jour, voulu proscrire l'usage.

Ayant mis une cuillerée et demie de farine cuite de pomme-de-terre dans des bavaroises au lait ou à l'eau que l'on sert dans les cafés, j'ai obtenu sur-le-champ une gelée douce et qui m'a substanté bien davantage que si je n'y eusse pas fait ce mélange. Cette addition d'aliment ne revient pas, par cuillerée, à deux liards. J'observe qu'il faut que les bavaroises soient très-chaudes, et qu'il suffit de remuer le tout pendant cinq minutes.

Je ne parlerai pas des autres manières d'apprêter la pomme-de-terre desséchée, c'est à l'art culinaire qui m'est tout-à-fait étranger, à les traiter (11); il me suffit d'avoir fixé un moment l'attention de mes concitoyens sur une substance qu'il leur est si facile de se procurer, et ma tâche est remplie.

Je n'ai plus, sur cet objet, qu'un mot à dire. Si vous faites fermenter à la manière des pâtes d'Italie, la pulpe de pomme-de-terre, et que vous y mélangiez du beurre, des œufs (12), du lait, du fromage, etc. ces vermicels n'en seront, à la vérité, que plus sensuels et plus agréables au goût, mais vous faites alors disparoître l'économie ; mais ce ne sera plus cette même pomme-de-terre rafraîchissante et digestive, et elle perdra d'autant plus de ses qualités, qu'on la mélangera davantage à d'autres substances étrangères qui auront peut-être des propriétés contraires ; mais enfin vous vous éloignez du principal but de la dessication des pommes-de-terre, qui est *sa conservation un tems infini* ; car on sait que plus une pâte est fermentée, et moins elle est de garde. Abandonnons sans regret ce rafinement inutile, et attachons-nous au vrai solide. Ne travaillons la pomme-de-terre que pour nous procurer, au besoin, un aliment quelconque, plus encore pour nos enfans que pour nous : vivre pour manger avec sensualité, étoit un des principes de l'ancien régime : l'inverse doit être celui du républicain.

Des proportions à garder pour consommer la pomme-de-terre desséchée.

Il est une chose à considérer dans l'usage qu'on peut faire de la pomme-de-terre desséchée, c'est d'en proportionner la quantité suivant la mesure de liquide dans lequel vous l'étendez, pour, d'un aliment sain et léger, n'en pas faire un qui soit trop épais et trop pesant, et ces proportions sont fondées sur le calcul suivant.

Si on apprête 80 onces, ou 20 livres de pomme-de-terre sèches, c'est comme si on vouloit se substanter d'un boisseau de pommes en verd que ces 80 onces représentent.

Si . . .	40 onces	$\frac{1}{2}$. boisseau, ou	10 livres.
Si . . .	20	$\frac{1}{4}$. b.	5 liv.
Si . . .	4	. . . .	1 liv.
Si . . .	2	. . . .	$\frac{1}{2}$. liv.

En général il vaut toujours mieux que ces proportions soient gardées en moins qu'en plus.

D'après cette observation et les expériences que j'ai faites, j'ai trouvé qu'on pouvoit mettre une cuillerée

ou

ou cuillerée et demie du poids de 6 gros, de farine de pomme-de-terre par demi-septier de liquide, mesure de Paris, et le même poids pour le riz; on peut, au reste, augmenter ces doses à volonté, et ne pas aller jusqu'à l'excès. On voit par-là qu'il ne faut qu'une très-petite quantité de poudre de pomme-de-terre desséchée pour absorber beaucoup de liquide.

Du choix des pommes-de-terre pour la dessication.

On peut soumettre à la dessication toutes espèces de pomme-de-terre quelconques. Les rouges seroient préférables, parce qu'elles ont meilleur goût et qu'elles sont davantage pourvues d'amidon; mais comme elles ne rendent pas autant que les blanches, et que par conséquent elles sont plus chères, sous ces deux rapports elles conviennent moins à cet objet de provision.

Si, à la campagne, vous aviez le choix sur les espèces blanches et sur leur forme, prenez de préférence les pommes-de-terre plates originaires de New-Yorck, et qui sont jaunâtres en dedans; elles sont plus farineuses, moins visqueuses et se dessèchent plus facilement. En général, les meilleures pommes-de-terre sont celles qui sont recouvertes d'une pelure rude, graveleuse et gercée; c'est une preuve de leur maturité : les autres peuvent être employées en verd pour l'usage de la cuisine ou de la basse-cour.

Tels sont, suivant moi, les moyens dont on peut se servir dans son ménage (13), pour faire, pour sa propre consommation, dessécher de la pomme-de-terre sous la forme de riz, vermicel, semoule, etc.

Je donnerai plus loin une esquisse de ceux que l'on peut employer en grand.

Moyens de dessication pratiqués par différens Auteurs.

(PARMENTIER.)

Voici ce que Parmentier a fait pour se procurer de la farine de pomme-de-terre (*).

Il a d'abord essayé d'en faire sécher d'entières sur un four dont la chaleur se maintenoit de 35 à 40 degrés; mais, outre qu'elles y furent plus de huit jours inutilement, c'est qu'au bout de ce tems, en les ouvrant, elles exhalèrent une odeur désagréable, et celles qui avoient été pelées, prirent une couleur noire. Il ajoute:

« Si on fait bouillir ces racines quelques minutes
» dans l'eau pour les peler plus aisément, et qu'après
» les avoir coupées par tranches, on les fasse sécher,
» elles sont d'un beau jaune transparent, et offrent
» dans leur cassure le luisant du verre. La poudre qui
» en résulte est d'une saveur extrêmement douce (**).
» Qu'ayant eu soin de mettre cette farine au sec,
» elle s'est trouvée aussi bonne et aussi belle au bout
» d'une année que le premier jour; qu'il ne s'étoit ja-
» mais apperçu qu'au retour du printems la germinai-
» son s'y établît, ni qu'elle changeât de couleur, ainsi

(*) Examen chymique des pommes-de-terre, édition 1773.

(**) C'est de cette poudre que Parmentier a fait prendre à bord des vaisseaux du célèbre et malheureux navigateur français, la Peyrouse, que les sciences et les arts regrettent tous les jours. Cet aliment ne peut être que d'une très-grande utilité dans un voyage de long cours, et principalement aux marins.

» qu'on le lui avoit avancé ». Il ajoute qu'il est persuadé
» que cette farine, tenue renfermée, ou même expo-
» sée à l'air, se garderoit beaucoup plus que la farine
» des graminées, pourvu qu'elle fût à l'abri des ani-
» maux destructeurs; qu'enfin elle peut devenir une
» ressource de plus dans les années de disette ou de
» stérilité, pour lesquelles on ne sauroit trop prendre
» de précaution, afin d'en éviter les suites malheu-
» reuses.

» Pour prolonger un tems infini la durée de la pom-
» me-de-terre en substance, dit le même auteur (*),
» il faut leur faire subir dans l'eau un peu salée (14)
» quelques bouillons, ce qu'on nomme vulgairement
» *blanchir*, les couper ensuite par tranches et les
» exposer au-dessus d'un four de boulanger; elles ac-
» quièrent alors la sécheresse et la transparence d'une
» corne. Exposées ensuite dans un pot avec un peu
» d'eau ou tout autre liquide sur un feu doux, elles
» fournissent un aliment sain, comparable à la racine
» fraîche. En les réduisant en poudre, elles offrent
» une purée et des potages très-salutaires. Ce moyen
» donne le très-grand avantage de conserver par-
» tout et pendant des siècles, sans embarras comme
» sans frais, le superflu de la provision de chaque
» mois, que la germinaison détruiroit au retour des
» chaleurs; de jouir de ce légume long-tems, et
» d'en tirer encore parti sans inconvénient pour le
» sang quand il a été surpris par la gelée ».

(*) Extrait de l'instruction qui a été envoyée à tous les départemens au printems dernier, article 22.

CADET DEVAUX

A indiqué, dans ses différens mémoires, à peu-près le même procédé que le précédent, de couper les pommes-de-terre par rouelles, puis de les mettre au four pour en achever la dessication, ce qui la réduit en une substance cornée.

En cet état, dit-il, elle peut se réduire en gruau en la faisant moudre et pulvériser dans un mortier.

AVIAT (*)

Fait cuire les pommes à la vapeur de l'eau, les fait ensuite couper par rouelles (15) et dessécher sur des poëles pour les amener, par la dessication, à un état de substance cornée. — Leur emploi est de les faire bouillir dans l'eau où elles renflent, se ramollissent et se disposent à l'état de pâte que l'on obtient avec un rouleau de bois, et que l'on pêtrit ensuite avec la pâte de farine de bled pour en faire du pain.

GUILLAUME (**)

Fait également *cuire ses pommes à la vapeur de l'eau*; il ferme *son vase ou chaudron* avec un matelas garni de filasse, puis par-dessus *d'un couvercle de bois* bordé à son pourtour de tissus de paille bien serrés *qu'il mouille auparavant*; les pommes

(*) Voyez la Feuille du Cultivateur du 27 Prairial.

(**) Voyez l'Instruction qui vient de paroître, sur les moyens de conserver la pomme-de-terre, par Jean Guillaume, membre de la société libre d'économie rurale.

étant cuites dans l'espace de 50 minutes, ne sont épluchées qu'un quart-d'heure après, puis divisées en petites parties et écrasées sous un cylindre ou rouleau de bois; et enfin, elles sont mises, jusqu'à concurrence de 2 à 3 doigts d'épaisseur, *sur des claies d'osier ou d'autres bois, qui sont placées par étages dans l'intérieur d'un* four, *en laissant entre elles un intervalle de 3 à 4 pouces. Le four n'est pas entièrement fermé, pour laisser une issue à la vapeur.* On reconnoît que les pommes sont suffisamment desséchées *quand ces particules sont cassantes sous les doigts* et qu'elles rendent, par leur frottement, un bruit semblable à des noisettes que l'on remue. — Lorsqu'elles sont refroidies, on les enferme dans des sacs, puis on les convertit en farine dans un moulin ordinaire. Ce même auteur observe qu'il faut accélérer promptement la dessication de la pomme-de-terre, *pour éviter qu'elle se noircisse* (16). Enfin le citoyen *Guillaume* ajoute que cette racine, réduite en farine, loin de perdre de sa qualité primitive, acquiert, par les deux degrés de cuisson qu'elle éprouve, une saveur plus agréable que celle qu'elle a dans son état de fraîcheur. *Elle est même*, dit-il, *plus nourrissante sous cette forme, parce que les parties nutritives qu'elle contient, étant plus concentrées, on a la faculté de restreindre leur expansion par une quantité de liquide plus ou moins forte*, suivant l'emploi auquel on la destine. — Avec cette farine, le C. *Guillaume* a fait du pain (*) dans

(*) [illegible] me soit permis de dire que c'est dommage de faire servir cette [illegible] desséchée, à la panification, tandis qu'on peut faire

la proportion de 17 livres (*) sur 40 livres de farine de froment. Il fait aussi, avec cette poudre, d'excellens potages ou purées au bouillon gras ou maigre; enfin il ajoute que sous quelque forme qu'on l'emploie, elle fournit un aliment aussi sain que nourrissant.

Résumé de toutes ces expériences.

De tous ces procédés et expériences, on doit en conclure que la dessication de la pomme-de-terre est praticable, 1°. par sa cuisson à la vapeur de l'eau; 2°. par sa division ensuite en plus petites parcelles possible, n'importe par quel moyen; 3°. par la multiplication des surfaces de ces mêmes parcelles étalées sur des caisses de papier ou des claies; 4°. par la chaleur naturelle de l'atmosphère à l'air libre ou au soleil, quand le tems le permet; 5°. par la chaleur artificielle, des poëles, fours, étuves: tous les autres moyens ne sont, à ceux-ci, que des ramifications ou extensions. Enfin tout s'accorde à prouver que cette substance peut se conserver longtems; qu'elle est saine, et qu'elle peut de suite nous procurer un aliment pour nous substanter. Les préjugés contraires ne peuvent plus subsister d'après des faits aussi incontestables.

également du pain avec de la pulpe de pomme-de-terre fraîche, qui ne coute aucun frais de dessication ni de mouture. Cette farine, selon moi, est bien plus profitable en potage, gelée ou salep : du moins je le crois.

(*) Ces 17 livres, dit cet auteur, représentent environ 55 livres de pulpe non-desséchées, dont les deux tiers se perdent par la dessication.

MANIÈRE *d'extraire la fécule de pomme-de-terre.*

La fécule de pomme-de-terre s'obtient, ainsi que celle des autres racines qui en fournissent, en la divisant toute crue par le pilon ou par les rapes montées sur chassis. Ces racines ainsi rapées, dit *Dransy*, « offrent une pâte liquide qu'on délaie dans » l'eau avec les mains ; on verse le tout dans » un tamis placé au dessus d'un autre vase : l'eau » passe à travers et entraîne avec elle l'amidon » qu'on trouve déposé à la partie inférieure ; on » jette l'eau, et on en apporte de nouvelle, jusqu'à » ce qu'elle cesse d'être teinte ; on décante le pré- » cipité et on l'expose par morceaux au soleil ou » à l'étuve ; à mesure qu'il se sèche, il prend » l'état blanc et brillant comparable au plus bel » amidon de froment (17) ».

Pour diviser plus promptement la pomme-de-terre, on a imaginé des moulins qui débitent davantage. Ce sont deux rapes en forme de cône qui entrent l'une dans l'autre et font l'effet des meules. La rape de dessus est mobile et se meut par une manivelle, tandis que l'autre est fixe et à demeure ; et c'est entre les bavures de ces deux rapes que passe la pomme-de-terre pour être broyée. Tout cet appareil est établi solidement sur un baquet plein d'eau qui reçoit la pulpe à fur et mesure qu'elle se forme ; sans cette précaution elle noirciroit. — Ces moulins sont encore susceptibles de perfection ; sans doute quelques mécaniciens s'en occuperont (*). Les Hollandais pilent les pommes-de-terre dans de grands bocards de bois cerclés en fer, les pilons sont mus par l'arbre d'un moulin à vent.

Du pain de pomme-de-terre.

La meilleure manière de consommer la pomme-de-terre, celle qui est la plus profitable, qui n'exige aucun apprêt ni précaution, ni attente, est sans contredit celle de la manger cuite dans les cendres ou dans le four, avec un peu de sel ; mais, lorsqu'on veut sur la fabrication du pain économiser moitié de sa farine, et cependant se procurer toujours la même quantité et le même poids de pain, c'est alors qu'on a recours à la pomme-de-terre.

P a i n de pomme-de-terre, mélangé d'après Dransy *et* Parmentier.

Pour préparer de bon pain de pomme-de-terre, il faut que ces racines s'y trouvent dans la proportion de parties égales avec la farine des autres grains. Pour cet effet, on fera cuire les pommes-de-terre dans l'eau, on en ôtera la peau, on les écrasera bouillantes avec un rouleau de bois (18), de manière qu'il ne reste aucuns grumeaux et qu'il en résulte une pâte unie, tenace, visqueuse. On prendra la moitié de la farine destinée à la pâte, dont on préparera le levain d'une part ; de l'autre

(*) Voyez au bas de la page 32, l'apostille (*), où il est question du moulin-rape de Ravelet, qui débite, en quatre minutes, deux boisseaux de pommes-de-terre crues.

les pommes-de-terre écrasées et broyées sous un rouleau de bois; on mêlera l'un et l'autre avec le restant de la farine, et ce qui sera nécessaire d'eau chaude. Quand la pâte sera suffisamment levée, on l'enfournera, en observant que le four ne soit pas autant chauffé que de coutume, et on aura soin de la laisser cuire plus long-tems.

Cadet Devaux croit devoir y ajouter 4 onces de sel par chaque poids de 36 livres pesant de pulpe. Voyez, au surplus, sa manipulation du pain de pomme-de-terre décrite dans les Feuilles du Cultivateur.

PAIN *de pomme-de-terre sans mélange.*

Avant de transformer les pommes-de-terre en pain, il faût les y rendre propres par des opérations préliminaires qui mettent leurs parties constituantes en état de se combiner avec l'eau, et une flexibilité favorable au pêtrissage, ainsi qu'au mouvement de fermentation panaire qui doit s'y établir.

On prend demi-livre de pommes-de-terre cuites et converties en pâte; on y ajoute autant de leur amidon, 4 onces d'eau et peu de levain ordinaire.

Le mélange est mis dans un endroit chaud pendant 3 heures; au bout de ce tems, on ajoute ce levain à un même poids de fécule et de pulpe de pomme-de-terre et un demi-gros de sel; on pêtrit le tout, on divise la pâte, on la façonne, on la distribue par pains d'une demi-livre qu'on met dans des pannetons pendant 2 à 3 heures; on les met au four, et on les y laisse encore une heure et demie.

Ce pain de pomme-de-terre pur, est donc composé de moitié fécule et moitié de pulpe, d'un demi-gros de sel par livre de mélange. L'eau qui forme le cinquième environ de la masse générale, en entier durant la cuisson, en sorte que pour obtenir une livre de ce pain, il faut 3 livres et demie de pommes-de-terre, c'est-à-dire 9 onces d'amidon ou fécule, et autant de pulpe. Mais il est important de remarquer que, dans ce déchet, les racines n'ont perdu que leur humidité surabondante, la matière nutritive qu'elle renferme, loin d'avoir été affoiblie dans cet effet, n'a pu que beaucoup gagner par la fermentation panaire, qui, comme l'on sait, améliore tous les farineux indifféremment, en augmentant leur volume et leur dissolubilité dans l'estomac.

ESQUISSE

Des moyens dont on peut se servir pour former un établissement en grand de dessication de pommes-de-terre.

Cuisson.

Construire les fourneaux de manière à tirer tout l'avantage possible de la chaleur, même de celle de la fumée, pour économiser la dépense de bois, si l'on chauffe avec ce combustible. — Sur les côtés du fourneau il faudroit établir des étuves qui seroient échauffées, en partie, du même feu, au moyen de tuyaux de communication, ou bouches de chaleur conduites avec intelligence.

Proportionner la cuisson de la quantité des pommes-de-terre au nombre de ses ouvriers, afin qu'elles soient travaillées de suite. — Faire succéder les cuissons les unes aux autres sans interruption, parce qu'un fourneau refroidi dépense plus de combustible que lorsqu'il est échauffé de continuité.

Les vaisseaux qui servent à la cuisson d'un aliment devant toujours être propres, nets, et exempts, s'ils sont en cuivre, de verd-de-gris, on ne sauroit, sur cet objet, porter trop d'attention : il faudroit alors que les chaudières fussent étamées; mais comme les pommes-de-terre cuites à la vapeur de l'eau n'exigent d'eau que jusqu'à la grille qui les soutient, qui empêcheroit de construire ces chaudières économiquement à l'instar de celles qui servent aux savonneries décrites par Duhamel (Description des arts et métiers)? il n'y a que le fond seulement qui soit en cuivre ; le surplus, où les pommes-de-terre seroient à sec, pourroit être construit en maçonnerie de briques posées à mortier de chaux et ciment.

De l'Atelier.

Établir l'atelier dans un endroit assez spacieux pour pouvoir y travailler commodément la pomme-de-terre après sa cuisson. On les transporteroit dans des paniers d'osier, civières ou brouettes ; et là, sur de grandes tables, elles seroient épluchées et plurées de suite, puis portées sur d'autres tables, pour les laisser se ressuyer un tems convenable.

Pour passer à la filière promptement toutes ces pommes-de-terre, la mécanique, sans doute, nous offre plus d'un moyen d'en diviser beaucoup à la fois en les soumettant dans des cylindres plus grands que ceux que l'on fait agir à la main, et en faisant mouvoir les pistons, soit avec des leviers, soit avec de fortes vis. Mais à cela j'entrevois un inconvénient, c'est que cette pulpe ainsi filiérée en grande quantité, tombera en masse épaisse ; la pesanteur du dessus affaissera la pulpe du dessous, et détruira, dans les vermicels, ces vides, cavités et interstices par où l'air et la chaleur les saisit, les pénètre, et qui accélère la dessication.

Au reste, et je le répète encore, il faut proportionner le plus ou moins de promptitude ou débit des filières à la quantité de mains que l'on aura pour *l'épluchage* (19) des pommes-de-terre, car il ne faut pas que l'un attende l'autre. On peut, pour ce travail minutieux, se servir de femmes et d'enfans.

Les ouvriers qui feront agir les filières, passeront à d'autres les caisses sur lesquelles ces vermicels doivent tomber et être étalés, de suite, et ces mêmes caisses seront transportées sur des civières, à plusieurs étages aux fours ou étuves.

Des Fours ou Étuves.

L'intelligence de leur construction consiste à tirer parti de toutes ses surfaces ; ainsi il faudra y multiplier, autant qu'il sera possible, les caisses ou tablettes, qui seront placées par compartiment dans leur intérieur pour pouvoir y soutenir les caisses. On pourra les faire reposer, soit sur des planches, lattes, soit sur des claies, filets ; celui qui voudra faire un peu plus de dépense, pour éviter par suite celle des entretiens, emploiera des grillages en fil de fer. C'est ainsi que les onfiseurs font sécher leurs fruits, les tabletiers leurs boëtes : les mailles n'ont pas besoin d'être fort serrées.

Les vermicels retirés de l'étuve seront broyés grossièrement, puis passés dans de grands cribles pour leur donner un grain égal, en forme de riz. En cet état, on peut serrer cet aliment dans des boëtes, sacs, ou plutôt des barils ; et c'est ainsi qu'il pourra être transportable par-tout.

Des Moulins.

Si vous préférez de convertir le riz de pomme-de-terre en farine, il faut porter les vermicels aux moulins; ceux mus par le vent seront préférables à ceux qui tournent par l'eau, parce que le voisinage de l'eau peut produire de l'humidité au vermicel, qui doit être extrêmement sec pour passer sous les meules.

Pour éviter cet inconvénient, on pourroit avoir de préférence, ou de ces moulins domestiques dont on se sert dans la ci-devant Bretagne pour moudre chez soi le maïs, construits à l'instar de ceux à broyer la moutarde, ou de ces petits moulins à bras de Durand, mécanicien, rue et faubourg Victor : ces moulins placés dans un endroit sec de l'atelier, comme attenant les étuves, ne contracteroient aucune humidité.

Pour économiser le prix de la main-d'œuvre de cette mouture par des moulins à bras, et en même tems faire gagner la vie aux citoyens infortunés qui ont perdu la vue, on pourroit les faire tourner par des aveugles.

Au reste, le directoire du Lycée, à qui j'ai communiqué l'idée de faire éprouver, si on ne pourroit pas appliquer la mécanique d'un atelier de vermicellier au travail en grand de la pomme-de-terre, doit en faire incessamment l'expérience; le public sera instruit du résultat, soit par une addition à ce mémoire, ou par la *Feuille du Cultivateur.*

NOTES.

(1) C'EST au sein du Lycée des Arts, établi à Paris, où l'on a présenté d'abord les découvertes et perfections les plus intéressantes, entr'autres, la refonte du vieux papier imprimé ; — la nouvelle culture de la soie, au moyen de laquelle on peut faire, par an, trois éducations de vers dans les départemens du nord aussi bien que dans ceux du midi, avec les muriers noirs et blancs ; — la colle forte faite avec des os ; — les inscriptions inaltérables scellées sous verre fondu ; — le flint-glast des Anglais, que nous appelons en France crystal pesant ; — leurs aiguilles, — rubans glacés ; — le riz de pomme-de-terre ; — le crible d'épine, mécanique aussi simple qu'ingénieuse pour nettoyer le blé, &c. &c... Il n'est pas dans ce directoire, dont nous devons l'établissement au C. Desaudray, jusqu'au plus petit objet qui n'y soit accueilli quand on le soupçonne de quelqu'utilité publique, comme les cendres de marrons d'Inde qui, soumis aux expériences des membres de ce Lycée, ont rendu, en potasse, près des deux tiers de leur poids (*).

(2) Cette remarque intéressante nous découvre de quelle main nous vient ce nouveau bienfait. « Quand on réfléchit, dit Dransy, que les » années les moins riches en grains, sont extrêmement abondantes en » pommes-de-terre (**), on ne peut qu'être surpris et même scandalisé » que dans beaucoup de cantons les plus propres à cette production, il » règne encore de la défiance à l'égard de ce dédommagement dont il » ne tiendroit qu'à nous de profiter. Cette plante ne craint ni la grêle, ni » le vent, ni la coulure, ni les autres accidens qui arrivent à nos » champs, à nos vergers ; elle se plante après toutes les semailles, et » se récolte après les moissons. . . . .

(*) Si, sur cette nomenclature partielle des rapports faits au Lycée, on desiroit avoir des renseignemens plus étendus, il faudroit s'adresser directement à l'administration générale, rue de la Sourdière, cul-de-sac de la Corderie.

(**) On ne dit pas pour cela que les années les plus fertiles en blé le sont moins en pommes-de-terre, car celle où nous sommes prouveroit le contraire.

(3) Ressource qui étoit même nulle du tems de l'ancien régime pour le cultivateur dont les possessions se trouvoient près des forêts ci-devant royales, destinées aux plaisirs des despotes, comme aux reins de celles de Saint-Germain, Compiègne, Fontainebleau, &c. et qui n'avoient ni les moyens, ni pu obtenir la permission d'enclore leurs possessions pour les garantir du sanglier. Cet animal bouleversoit tout son champ pour les lui ravir. Aujourd'hui, grace soit rendue à la révolution, elle est cause que l'ennemi le plus redoutable à l'Agriculture, le gibier, est détruit, ensorte qu'on peut maintenant cultiver cette racine auprès des forêts nationales, avec espoir de la récolter.

(4) On peut les conserver d'une récolte à l'autre, en les faisant, au printems, transporter de la cave dans un grenier, où elles y sont étalées isolées. Tous ceux qui ont parlé de ce moyen, s'accordent à le confirmer.

(5) Si vous laissez plus long-tems les pommes-de-terre se ressuyer, il se formera à leur superficie, et sur-tout si le tems est au sec, une croute que vous serez obligé d'ôter avant de les passer à la filière, ce qui occasionnera un déchet.

(6) Quelques personnes ont déjà prétendu que je n'avois rien imaginé pour la construction de mon instrument, parce qu'il en étoit décrit un semblable dans un des ouvrages de Parmentier. Ce soupçon de plagiaire, qui est sensible à tout homme honnête et délicat, m'obligea de compulser de nouveau les ouvrages de cet auteur célèbre, et le hasard me fit trouver dans la bibliothèque de l'artiste qui grave mes planches, l'ouvrage dont est question, que je suis bien-aise d'avoir lu pour pouvoir l'indiquer moi-même au public (*) ; il est véritablement dit, page 160, « on s'est servi avec beaucoup de succès, en Alsace et en Suisse, d'un » instrument propre à broyer la pomme-de-terre ; c'est un tube cylin- » drique dont le fond est percé de petits trous, comme une écumoire, » et à travers lequel on fait passer la pomme-de-terre bouillie, après » l'avoir pelée et mise à sécher lentement ; il en résulte une espèce » de vermicel.... ».

(*) Son titre est : Recherches sur les végétaux nourrissans qui, dans les tems de disette, peuvent remplacer les alimens ordinaires, avec de nouvelles observations sur la culture de la pomme-de-terre, in-8°. de 599 pages, édit. 1781, imprimerie ci-devant royale. A la fin de cet intéressant ouvrage, dont j'aurois donné quelques fragmens, si je l'eusse connu plutôt, est la description et la gravure du moulin-rape, fort ingénieusement imaginé par Ravelet, pour obtenir la fécule de pomme-de-terre.

S'il

S'il y a beaucoup de ressemblance entre ma filière et celle d'Alsace, dont je n'avois jamais entendu parler, l'effet n'en est pas le même quant à la promptitude du débit et à la résistance du piston ; car on conçoit aisément que cette résistance doit être infiniment plus forte, à diamètre égal, dans un cylindre qui ne peut être percé par son fond que d'une cinquantaine de trous au plus, que celui qui a dans son pourtour neuf cents à mille ouvertures qui débitent proportionnellement ; ainsi, sans le savoir, j'avois perfectionné un instrument déjà créé.

Il n'y a donc qu'à contester aussi que Cadet Devaux n'a point cherché et imaginé le moulin que j'ai fait graver, parce que dans ce même ouvrage, page 118, celui de Mustel est aussi à deux cylindres. Il vaut autant dire qu'une mécanique quelconque ne peut être considérée comme découverte ou nouvelle invention, tant que dans sa composition il entrera des leviers, poulies, vis dont on connoît l'usage depuis long-tems.

(7) Cette sujétion est inutile, comme impraticable dans l'intérieur d'un four, la chaleur de l'âtre ne permettant pas qu'il reste d'humidité sous les caisses, à moins qu'on ne les eut trop chargées.

(8) Un boisseau de pommes-de-terre cuites ou crues pèse environ vingt livres ; ce poids, par la dessication, est réduit, défalcation de la pulpe et autres déchets, à environ cinq livres ou au quart du premier poids : je dis environ, parce que, calcul exact, elles donnent davantage. Voici le résultat d'une expérience faite avec précision :

Cinq livres de pommes-de-terre bien mures ont donné, desséchées. . . . . 1 livre, 5 onces, 6 gros.

Pelure, déchet 1 6

Le surplus est le poids de l'eau évaporée.

(9) Il est aisé de faire un crible à peu de frais en collant au fond d'une vieille seille (ou seau) ou d'un cerceau de baril, une forte feuille de papier que l'on percera ensuite de trous avec un clou cassé, arrondi sur un grès, usé plan du côté de la cassure, et ce clou fera l'effet d'un emporte-pièce. Le papier doit pour cela poser sur un carton, et ce dernier sur une planche ou billot. Un moyen tambour, séparé par le milieu et percé ainsi, peut faire deux cribles. Ces indications simples, que peut-être quelques personnes trouveront minutieuses, ne sont pas pour les citoyens des grandes villes qui peuvent se procurer de tout, et tout fait, avec de l'argent, mais seulement pour ceux de la campagne, qui sont obligés de se servir de ce qu'ils trouvent sous la main pour rem-

plir leur objet ; et c'est ainsi qu'on peut faire sur-le-champ un siphon avec une lisière de drap. L'abbé Nollet, dans l'art de ses expériences, n'a pas dédaigné d'entrer dans de semblables détails.

(10) On peut encore user d'un autre moyen que j'ai moi-même pratiqué. Le voici : Faites construire dix-huit à vingt petits cadres avec des règles ou tringles minces, soit en bois blancs, soit en lattes à ardoise ou voliges de hêtre (elles n'ont besoin de n'avoir qu'un pouce à quinze lignes de large, si ces cadres, comme les miens, n'excèdent pas vingt-un pouces de long sur dix-sept). Clouez ou collez sur ces cadres, de cette toile claire dont on se sert ordinairement pour le papier de tenture, ce qui vous formera une espèce de filet : l'air filtreroit moins aisément sous une toile plus serrée. Chacun de ces cadres sera percé aux quatre coins d'un trou, pour pouvoir y passer aisément une moyenne ficelle. La première tablette du bas sera retenue par des nœuds, et celles qui seront placées successivement en dessus et à une distance de deux à trois pouces, peuvent l'être par quatre grosses épingles enfoncées dans l'épaisseur de la ficelle. Enfin ces quatre liens n'en formeront plus qu'un seul, qui sera passé dans une poulie, assujettie solidement au plancher par un tire-fond, pour pouvoir enlever ou descendre cet appareil à volonté. On peut également se servir d'un poids comme pour suspendre une cage, une lanterne, etc.

Toutes ces tablettes, rangées les unes sur les autres, ainsi qu'on le voit dans la figure (a), sont, comme on le devine aisément, faites pour soutenir des caisses de papier à petits rebords, chargées légèrement de vermicels de pomme-de-terre. On suspend le tout au milieu d'une chambre inhabitée, ou plutôt en face d'une croisée ouverte, et le seul courant d'un air sec et chaud suffit pour opérer, en deux à trois jours au plus, leur entière dessication, en les remuant une fois, comme cela a été recommandé précédemment.

On peut multiplier ces séchoirs autant de fois qu'il y a de croisées dans la pièce ; et comme il faut, en quelque sorte, être assuré d'avoir deux jours de suite un tems sec, il ne sera pas hors de précaution de consulter les instrumens météorologiques, et particulièrement l'hygromètre. Tout le monde sait que l'on peut en construire facilement un à peu de frais, avec une corde à boyau, un crin, un cheveu, etc.

Ces séchoirs portatifs, dont je dois l'invention à mon frère, peuvent également servir l'hiver, avec cette différence qu'au lieu de les suspendre en face d'une croisée ouverte, on les placera auprès d'un tuyau de poële. J'en ai fait l'expérience avec succès.

Enfin, si on ne veut pas faire passer des cordes dans les chassis, pour les avoir isolés, et pouvoir, à volonté, en placer six à sept les uns sur les autres, soit sur la tablette d'un poële attenant ou ailleurs, il faut y ajouter des pieds faits avec des bouts de baguette, auxquels il suffit de donner deux pouces de hauteur. J'ai chez moi de ces chassis ainsi préparés; on peut venir les voir. (Voyez la figure 6.)

(11) On ne doit cependant pas confondre l'art sensuel et recherché de la cuisine du riche, avec le talent d'apprêter chez soi avec économie ses alimens les plus ordinaires, et c'est à cette occasion que le citoyen Cointereau (*), rue du faubourg Honoré, nous a donné, dans un ouvrage périodique dont il est l'auteur, plusieurs procédés simples et faciles d'apprêter la pomme-de-terre de diverses manières; il recommande même « d'avoir toujours chez soi de la pulpe de cette racine toute cuite, » pilée et roulée avec un peu de farine, pour en faire différens mets » à toute heure et à tout moment ».

Au lieu de piler la pomme-de-terre, il est bien plus simple de la passer dans une de mes filières, et elle sera toute préparée pour en faire des rissoles ou beignets de pulpe.

(12) Parmentier et Cadet Devaux ont parlé de cette mixtion, mais ils ne paroissent pas y mettre une grande importance.

(13) Des particuliers du genre de ceux qu'on ne peut jamais satisfaire, auroient voulu que ce procédé leur offrît, dans leur ménage, celui de faire une grande quantité de riz de pommes-de-terre à-la-fois; ils auroient presque dit « sans soins ni peine ». Il est de certaines choses fabriquées dont on ne peut se procurer la quantité qu'en répétant à l'infini le même moyen. On ne fait pas une rame de papier à l'instant, il faut que chaque feuille soit fabriquée l'une après l'autre.

(14) Le sel pourroit, par suite, attirer l'humidité aux pommes-de-terre que l'on veut conserver long-tems par la dessication; et c'est sans doute par cette appréhension que l'on se dispense d'en mettre dans le biscuit de mer.

(15) J'ai éprouvé le moyen indiqué par les différens auteurs que je viens de citer, de couper, après leur cuisson, les pommes-de-terre par rouelles, pour les soumettre ensuite à la dessication; et il m'a parfaitement réussi. Si on destine ces tranches pour être réduites en farine

---

(*) C'est cet auteur qui a imaginé la construction d'un four économique. Il seroit, je pense, très-propre à la dessication des pommes-de-terre.

sous le moulin, leur forme et grosseur sont assez indifférentes : mais si c'est pour en faire usage dans les délayans, on doit préférer les pommes qui auront été desséchées sous une plus petite parcelle, attendu qu'en cet état elles reviennent plutôt. Au reste, on ne sera peut-être pas fâché d'apprendre comment on peut couper toutes ces tranches d'égale épaisseur et très-promptement, avec un instrument bien simple. Il consiste en une lame de couteau fixée obliquement et retenue, à ses extrémités, par deux clous ou vis sur une planche, qui, d'un côté, forme une espèce de manche, de l'autre, est coupée quarrément, excepté les coins un peu arrondis, et qui, au milieu, a une ouverture en forme de lumière de varlope. On passe assez vîte les pommes-de-terre sur cet instrument, et à chaque fois, le couteau enlève une tranche de cette racine qui tombe du côté opposé. J'observe qu'il faut ralentir le mouvement de la main quand on a, aux trois quarts, coupé la pomme-de-terre, pour ne pas se blesser. C'est pourquoi il n'est pas nécessaire que le couteau soit si tranchant; on peut parer à cet inconvénient avec un mauvais gant.

J'ai conservé et fait graver, figure (3), cet instrument tel que je l'ai acheté, il y a dix ans, d'un Suisse, qui m'a assuré que l'on s'en servoit communément dans son pays pour diviser toutes sortes de racines potagères. Qui nous empêche d'en faire usage pour leur dessication? J'ai déjà sur cela fait quelques essais satisfaisans; nous serons bien aises de trouver l'hiver cette provision, sur-tout dans le tems des gelées.

Ce couteau a depuis été perfectionné. La lame s'élève et se baisse à volonté, par le moyen d'une vis de rappel, en fer, qui est placée en-dessous (*). Au surplus, comme une tranche de pomme-de-terre ne peut varier que sur une épaisseur d'une ligne et au-dessous, on peut, si l'on veut se dispenser d'avoir un couteau compliqué, en avoir deux simples, dont la lame de l'un aura une ligne de fer, et l'autre demi-ligne, pour s'en servir selon que l'on veut une tranche plus ou moins épaisse.

(16) Les procédés, précautions, inconvéniens et résultats des expériences du C. Guillaume, sur la dessication des pommes-de-terre, sont, à quelque chose près, et jusqu'à la panification, semblables à ce que j'ai écrit dans mon mémoire. Cet estimable citoyen ne pouvoit pas connoître mes moyens, puisque mon travail étoit alors dans les comités de

---

(*) Il se trouve gravé dans la bibliothèque Physico-Economique, année 1788; voyez page 54, tome 2.

la Convention ; je ne pouvois pas non plus parler des siens, mon mémoire étant antérieur à son ouvrage. Au reste, on ne doit pas s'étonner de la rencontre des mêmes idées entre deux personnes qui n'ont eu aucune relation ensemble ; c'est l'effet naturel du même esprit et de la même intention, dans lesquels un ouvrage a été fait, qui occasionne ce rapprochement.

(17) Si, sur la farine cuite ou riz en pomme-de-terre, l'amidon ou fécule présente d'abord quelqu'avantage, comme étant obtenue à froid par une manipulation peu dispendieuse et sans le secours du feu, cette première en possède aussi d'autres qui compensent les frais qu'il faut pour sa dessication, par le gout et la saveur qu'elle conserve (la fécule est inodore), parce que la partie amylacée et la partie fibreuse de la pomme-de-terre en sont toutes conservées, tandis que dans l'extraction de sa fécule, il faut se résoudre à perdre cette dernière substance, qui est toute aussi nourrissante et plus légère (*) ; enfin parce que ces deux substances cuites et mélangées n'offrent plus aux parfumeurs et aux amidonniers le moyen d'abuser de la fécule de pomme-de-terre pour fabriquer la poudre de toilette (une section de Paris s'en est déjà plaint), et qu'ainsi la substance entière de cette précieuse racine ne peut plus servir à d'autre usage qu'à celui de nous alimenter.

(18) Ecraser au pilon et sous un rouleau, dit Cadet Devaux, dans la Feuille du Cultivateur du 14 Frimaire, trente-six livres de pulpe pour les soumettre à la panification, étoit une besogne toujours pénible et qui exigeoit trois quarts-d'heure de tems ; mais j'ai trouvé le moyen d'abréger le tems et la peine, en me servant, pour cela, d'un moulin que j'ai imaginé ; sa construction en est simple. Ce sont deux cylindres d'un pied de long sur six lignes de diamètre, surmontés d'une trémie, garnis chacun d'une manivelle : ce qui est préférable à une seule manivelle et à deux roues d'engrenage. Deux lames de bois appliquées au-dessous des cylindres en détachent la pâte, que sans cela les cylindres rameneroient à la surface. Deux enfans peuvent faire agir ce moulin.

(*) « La partie fibreuse, dit Parmentier, dans son Examen Chymique » des Pommes-de-terre, desséchée à une douce chaleur, puis réduite » en poudre, étoit un peu grise, elle est spécialement plus légère que » la fécule.... ». Plus loin, il ajoute :
« Quoique l'on dise assez ordinairement que le parenchyme fibreux des » végétaux ne contient pas de parties nourrissantes, on pourroit peut-» être bien se tromper à l'égard de celui des pommes-de-terre qui, dé-» pouillé de tout suc et de toute fécule, ne laisse pas que de prendre » dans l'eau, en bouillant avec elle, une consistance un peu muqueuse, » qui prouve que la partie fibreuse des pommes-de-terre est alimentaire ».

L'auteur a fait plus que de nous en donner une simple description, il a déposé un modèle à la vue du public, dans les bureaux de la Commission exécutive d'Agriculture et des Arts, et j'ai cru devoir en propager la construction en le faisant graver. La figure 4 est le plan en perspective, et la figure 5 la coupe.

J'ajouterai à cette description, qu'au lieu des deux couteaux placés en AA, on en avoit depuis ajouté deux autres en-dessus, à coulisse BB, qui forment ingénieusement une partie de la trémie C; que les tenons D, dans lesquels entrent les moyeux des cylindres, sont mobiles et se meuvent dans une rainure pratiquée sur les bords du chassis E, pour pouvoir, à volonté, repousser ou reculer les cylindres. Ces tenons sont fixés ensuite par des vis et des coins.

Quant à l'effet de ce moulin, ayant mis dans la trémie des pommes-de-terre cuites et entières, elles n'ont pu prendre entre les deux cylindres qu'après avoir été émiées grossièrement à la main (*). Il faut dire aussi que le diamètre des cylindres au lieu d'avoir six pouces n'en avoit que cinq, ce qui leur a donné moins de prise. Enfin, chacun peut à volonté donner à ce moulin plus ou moins de perfection et de débit, soit par plus de grosseur dans les cylindres, ce qui augmentera cependant d'autant la résistance, soit en leur en substituant d'autres en pierre, comme l'auteur l'a lui-même conseillé. Au reste, je dois ajouter que cette mécanique, telle qu'elle est, se meut avec beaucoup de facilité, qu'elle débite très-promptement, et que la pulpe se trouve écrasée bien plus également qu'avec un rouleau à la main, pourvu que les cylindres soient très-justes et fort rapprochés. J'oubliois de dire que le rayon des manivelles F n'a que neuf pouces, ce qui les met à portée des bras d'un enfant de douze à quatorze ans.

(19) J'ai lu quelque part qu'ayant pressé des pommes-de-terre cuites sur un crible de fer à mailles serrées, on avoit fait passer la pulpe à travers, et que la pelure étoit restée sur la superficie du crible. Si l'effet de ce moyen est tel, et qu'il soit plus prompt que celui d'éplucher les pommes-de-terre l'une après l'autre, ce seroit le cas de l'employer dans une fabrique en grand.

(*) Si on ne vouloit pas écraser provisoirement, à la main, les pommes-de-terre, on pourroit les faire passer dans une filière de trois pouces de diamètre, dont les trous auroient cinq à six lignes ; et alors elles prennent fort bien entre les rouleaux : j'en ai fait moi-même l'essai.

SUPPLÉMENT.

TANDIS que l'on imprimoit les premières feuilles de cette brochure, je continuois encore par de nouvelles expériences à perfectionner ou abréger les moyens que j'ai indiqués pour la dessication des pommes-de-terre : moyens sur lesquels j'ai laissé, sans doute, encore beaucoup de choses en arrière. Ces nouvelles recherches m'ont amené à faire les remarques suivantes :

1°. Que le tems de la cuisson de ces racines dépendoit autant de la quantité que l'on en faisoit cuire à-la-fois, que de leur espèce ; car telles à qui, comme les blanches jaunes, il ne faut que trois quarts-d'heure, à d'autres, comme les rouges longues d'une nature plus ferme et plus compacte, il faut au moins une heure et demie. — Les jaunes de New-Yorck sont si délicates et si tendres, qu'elles s'ouvrent même avant d'avoir acquis entièrement le dernier degré de cuisson ; c'est un inconvénient auquel les autres pommes-de-terre blanches ne sont pas sujettes. — Peut-être cela vient-il de ce que les jaunes n'ont pas dans ce moment encore acquis assez de maturité. On pourra s'en assurer plus particulièrement dans un mois d'ici, ou après les premières gelées.

2°. Au lieu d'étaler, comme j'ai dit (page 8), avec une pointe les vermicels sur les caisses, on peut se servir d'un moyen plus expéditif. Ayez un moyen crible de fer-blanc dont les trous soient de 3 lignes. Posez-le à terre, et filtrez dessus vos pommes-de-terre ; puis remuez ce crible légèrement au-dessus de toutes les parties d'une caisse (sous laquelle il doit y avoir une nappe), les vermicels s'y placeront également, et vous les chargerez à volonté.

3°. J'ai oublié de dire que les caisses de papier chargées de vermicels humides n'ayant en cet état aucune consistance ni soutien, on étoit obligé de glisser légèrement et en dessous une feuille mince de carton ou de tôle, pour pouvoir placer ces caisses sur les chassis de toile sans déranger les vermicels.

4°. J'ai éprouvé que la dessication à l'air libre sur les chassis suspendus, pouvoit, auprès d'une croisée ouverte (la nuit il faut les fermer), réussir encore par un tems sec, et lorsque la chaleur de l'atmosphère n'est qu'à 11 à 12 degrés du thermomètre. — Mais en général la dessication obtenue à ce dernier degré par une chaleur naturelle ou artificielle, demande plus de précautions ; il faut remuer souvent avec le rateau de bois les vermicels, pour empêcher qu'ils n'aigrissent. — J'ai remarqué aussi que le riz avoit plus de qualité, lorsque la dessication avoit été faite plus promptement à une chaleur au-dessus.

5°. Voici comme on peut construire une petite étuve : Bouchez le tuyau d'une cheminée avec des planches de plâtre, de bois ou de tôle ; mais laissez au fond un intervalle de deux doigts, pour ménager un passage libre à la vapeur des objets mis en dessication. Soutenez par un support quelconque 8 à 10 chassis garnis de toile, chargés de caisses de vermicels, comme on le voit dans la gravure, fig. 6, et placez dessous, à une distance convenable, de la cendre chaude dans une poële de fonte, ou un fourneau plein de charbons allumés, recouverts de cendres; ou enfin faites-y passer le tuyau du poële qui sert à échauffer la pièce; fermez ensuite le devant de cette cheminée avec ce que bon vous semblera. La chaleur se concentrera dans ce petit espace, et les vermicels sècheront promptement.

Je termine par inviter les citoyens plus heureux que moi dans leurs recherches et leurs expériences sur l'objet de la dessication des pommes-de-terre, dont les avantages sont bien constatés, de nous faire jouir de suite de leurs découvertes, en les faisant consigner dans la Feuille du Cultivateur, où cet ouvrage a été imprimé. Ils auront certainement un droit de plus à la reconnoissance publique. Quiconque, au contraire, garde pour soi seul un procédé d'une utilité générale, fait un vol à la société.

TABLE.

PREMIÈRE PARTIE.

IIe. PARTIE.

IIIe. PARTIE.

IVe. PARTIE.

NOTES.

SUPPLÉMENT.

F I N.

De l'Imprimerie de la FEUILLE DU CULTIVATEUR, rue des Fossés-Victor, n°. 12.

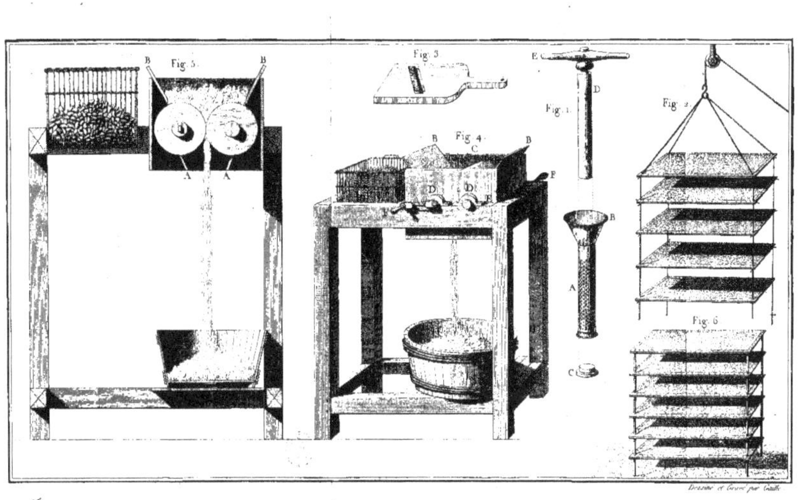

Dessiné et Gravé par

www.ingramcontent.com/pod-product-compliance
Ingram Content Group UK Ltd.
Pitfield, Milton Keynes, MK11 3LW, UK
UKHW021032180726
13838UKWH00004B/1752